AF602443

RECTIFICATIONS

A UNE BROCHURE

DE M. CHARLES-MARIE MAIGNAN

INTITULÉE

NOTICE HISTORIQUE

SUR NOTRE-DAME D'AVÉNIÈRES

7
LK 634

RECTIFICATIONS

A UNE BROCHURE

DE M. CHARLES-MARIE MAIGNAN

INTITULÉE

NOTICE HISTORIQUE

SUR

NOTRE-DAME D'AVÉNIÈRES

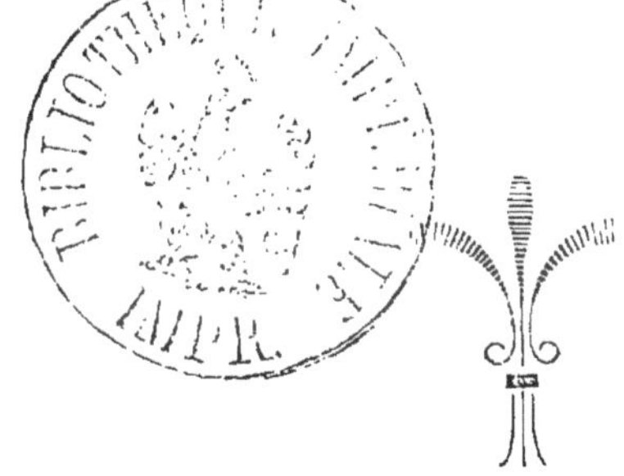

LAVAL

Typographie H. GODBERT, Imprimeur-Libraire

RUE DE LA TRINITÉ, 25

1860

RECTIFICATIONS

A UNE BROCHURE

DE M. CHARLES-MARIE MAIGNAN

INTITULÉE

NOTICE HISTORIQUE

SUR NOTRE-DAME D'AVÉNIÈRES

I.

Avénières vient d'être restauré, tout le monde sait avec quel succès, sous l'habile et intelligente direction de M. l'architecte Renous. Il n'y a eu qu'une voix dans toute la population pour admirer son œuvre, louer son talent, le remercier de nous avoir rendu, rajeuni, beau et vrai, l'antique et vénéré sanctuaire. Une seule réclamation s'éleva, quelques mois avant l'achèvement des travaux, au sujet du chêne dans lequel on avait résolu de placer la sainte image de la Très-Sainte-Vierge. Les observations consignées dans le journal l'*Indépendant de l'Ouest* du 20 novembre 1859 émanaient d'un homme compétent, Dom Renon, religieux bénédictin, correspondant du ministre de l'instruction publique et des cultes pour les travaux historiques. Elles obtinrent bientôt une réplique de M. le maire d'Avénières (*Indépendant* du

2 décembre); réplique après laquelle rien ne fut dit.

Ce n'était pas qu'il n'y eût rien à dire, bien au contraire ; mais une considération, mise en avant par M. le maire, engagea au silence ceux qui auraient pu répondre « la crainte d'engager une discussion nuisible à l'œuvre de restauration de notre église. » Il y avait aussi l'espoir que de nouvelles publications ne viendraient pas proclamer et soutenir le point sur lequel on désirait que nulle voix opposée ne se fît entendre. Aujourd'hui la restauration d'Avénières, au moins celle que l'on se proposait d'effectuer immédiatement, est achevée, le couronnement de la sainte Image que l'on voulait hâter a eu lieu, la liberté nous est donc rendue. Elle l'est d'autant plus que M. Charles-Marie Maignan vient de republier une Notice sur Avénières, grandement accrue, dans laquelle il se donne pour principale tâche d'exalter le zèle de M. le maire d'Avénières — ici nous serons parfaitement d'accord avec lui — et de justifier ce qu'avait attaqué Dom Renon, en s'autorisant du silence qui a été gardé, comme d'une impuissance à répondre (page 93). Le silence ne nous convient plus.

II.

L'un des grands arguments des dénicheurs de saints du dernier siècle pour contester et rayer de leurs histoires les faits merveilleux, pour nier la plupart des légendes jusqu'alors reçues, a été la similitude de certains récits, similitude dont ils ont voulu conclure que la légende avait été faite à plaisir, la vie du saint enrichie sans raison des faits qu'ils y rencontraient. Ce même motif engage les incroyants de notre époque à confondre toutes les légendes dans un même mépris, à couvrir des mêmes sarcasmes les faits qui y sont relatés. C'est donc une œuvre pieuse que de chercher à maintenir intacte une légende autorisée ; c'est rendre un service au pélerinage qui en est en possession, que de la défendre contre les additions par lesquelles des hommes, entraînés par l'amour du pittoresque plutôt que guidés par une fidélité scrupuleuse à la vérité, arriveraient à la dénaturer sous prétexte de l'embellir. La piété aime à se reposer dans la croyance à des faits qu'elle peut regarder comme historiquement certains. Elle n'a pas besoin qu'ils soient nombreux ni éclatants. La légende la plus simple dans sa vérité lui semble assez belle puisqu'elle est toujours la constatation d'un bienfait de Dieu. Mais tout changement la trouble : toute variation l'ébranle.

Nous rendons justice à M. Maignan et nous ne croyons pas qu'il se soit proposé de dessein formé de fausser l'histoire de Notre-Dame d'Avénières. Il s'est laisé égarer par son imagination ; il a affirmé, faute d'études assez étendues et assez approfondies, des choses dont il n'était pas assuré. Il en résulte que sa publication est de nature à induire le public en erreur ; cela suffit pour que nous nous croyions en droit d'y faire quelques rectifications. Et comme nos observations seraient à bon droit trouvées sans valeur si nous ne les appuyions de sérieux motifs, nous allons les exposer avec preuves à l'appui.

III.

Il fallait à M. Maignan un guide, une autorité pour étayer sa thèse. Le guide qu'il a choisi n'est pas le plus sûr; Maucourt de Bourjolly, surtout dans les temps anciens, a souvent besoin d'être redressé. Mais il n'importe. Quoique préféré sans doute parce qu'on l'a cru plus favorable à l'opinion que l'on voulait soutenir, Bourjolly ne lui prêtera pas grand appui.

Bourjolly en effet ne mentionne pas le chêne. Ce bon auteur cependant dit dans sa préface, après avoir énuméré les sources auxquelles il a puisé : « Je cotte encore la tradition qui est une créance commune...... » On va nous parler tout à l'heure de tradition. Bourjolly la cote, comme il dit, en tient compte, et cependant il ne mentionne pas le chêne. La tradition de son temps n'était donc pas encore celle de M. Maignan. Notre auteur en est lui-même embarrassé, et il se demande où était placée la sainte image ? « Etait-ce, dit-il, « dans une chapelle champêtre, sur une pierre élevée, dernier débris d'un autel druidique, dans une grotte mousseuse, façonnée « au bord d'une source par des pasteurs, ou « dans une niche clouée à un chêne ? » (Page 10).

Pour sortir de cette difficulté, dont la solution cependant n'offrait pas un intérêt capital, autrement que pour arriver au fameux chêne, l'apologiste en appelle à la tradition orale ou populaire. « Le peuple, dit-il, s'appuyant sur une remarque du P. Lacordaire, le peuple est « *l'organe de la tradition.* » Le mot *peuple* ici veut dire la multitude, la masse des individus, des habitants; il n'est pas employé, comme l'auteur semble le faire trop souvent, par opposition aux riches, aux gens aisés. Il est vrai que, dans ce sens, le peuple, la multitude, est l'organe de la tradition. Mais il faut pour cela des conditions que nous rencontrons à Avénières sur plusieurs points, non sur tous. Ces conditions — c'est saint Vincent de Lérins, si nous ne nous trompons, qui les indique, — sont que l'on ne doit admettre comme véritablement traditionné que ce qui a été cru *en tous lieux, en tous temps, par tout le monde ; quod ubique, quod semper, quod ab omnibus creditum est.* Appliquons cette règle à notre sujet, en la restreignant comme il convient à Laval et au rayon dans lequel a été connu le sanctuaire d'Avénières.

Autrefois un seigneur de Laval, nommé Guy, tomba avec son cheval dans la Mayenne et fut sauvé après avoir invoqué Marie ; il prit terre dans un champ d'avoine ; il y vit une image de la Sainte Vierge, et enfin il bâtit une église en témoignage de sa reconnaissance. On s'accorde sur tout cela. Quant au chêne, y a-t-on cru *partout?* La preuve en ceci sera incomplète ; les écrivains de Laval ayant seuls parlé d'Avénières, on ne peut, en regard de leur témoignage, alléguer, ni pour ni contre, celui de quelque auteur étranger. Un point seulement est acquis, c'est qu'aucun d'eux ne fait mention du chêne ; pas même, nous venons de le voir, Maucourt de Bourjolly.

Y a-t-on cru *toujours?* Ni Perrette de Montbron en 1488, ni Le Blanc de la Vignolle en 1680, ni Bourjolly en 1710, n'en disent un mot. Comment, eux qui nous font connaître tout le reste, se taisent-ils précisément à la fois sur ce point? Il est impossible de les accuser d'une suppression. Leur piété ne leur eût pas permis de déshériter d'une série de faits merveilleux, propres par conséquent à le relever dans l'estime des hommes, le pélerinage dont tous se montrent fiers pour leur pays. Quand même l'un d'eux s'en serait rendu coupable, il aurait été nécessairement redressé par les autres, surtout par Bourjolly, venu le dernier, qui annonce formellement qu'il tient compte des traditions.

On a plus de tendance à ajouter qu'à retrancher en ces matières ; s'il y a eu autrefois des modifications abusivement apportées à certaines légendes, ça été toujours pour les enrichir, jamais pour les dépouiller. Si donc les anciens ne nous ont transmis que ce qu'on lit dans leurs œuvres, c'est qu'ils n'avaient que cela à nous dire, et s'ils ne mentionnent aucun des détails que l'on veut ajouter aujourd'hui, c'est qu'ils leur étaient inconnus. Mais ce qu'il y a de plus curieux, c'est que ceux qui parlent du chêne ne croient ni tous la même chose, ni toujours la même chose. En les étudiant, nous pourrons remarquer comment une tradition va grossissant, une fois sortie des données certaines.

M. l'abbé Guillois, le premier à notre connaissance qui ait parlé d'un chêne, en 1842, place la statue que rencontra Guy, *sur un grand chêne*. Sauf le fait d'un vœu qu'il est le premier aussi à énoncer d'une manière précise, il n'ajoute rien à cette assertion : *un grand chêne*. M. E. A. Segretain, dans un rapport érudit présenté à la Société de l'Industrie, en 1852, pour attirer l'attention sur le sanctuaire d'Avénières, dans le but d'en obtenir la restauration, rapporte la narration de Bourjolly ; puis tout d'un coup il s'en écarte pour dire que la statue était placée *dans le creux d'un chêne*. Ayant fort peu habité le pays, l'estimable auteur avait sans doute saisi au passage cette indication à laquelle il n'attachait évidemment pas d'importance. Du reste, il mentionne aussi, quoique plus faiblement, la circonstance du vœu, et, quant au chêne, s'en tient à ceci : *dans le creux d'un chêne.* Enfin M. Maignan lui-même publia, en 1856, une Notice sur Avénières, dont un assez grand nombre de fragments lui ont servi avec d'autres à grossir celle dont nous nous occupons. Il y disait : « Ses regards (de Guy) en « cet instant aperçoivent *sur la fourchette* d'un « chêne une statuette de la Vierge autour de « laquelle brillaient les lumières de plusieurs « petites lampes. Pour témoigner sa reconnais- « sance envers celle qu'il regarde comme sa « libératrice, Guy promet de bâtir en ce lieu « une chapelle en son honneur....... où l'on « porte triomphalement la statuette de la Sainte « Vierge. Mais, si l'on croit la tradition, elle « n'y demeure pas long-temps ; on la trouva « dès le lendemain matin replacée sur la four- « chette de son chêne. Cet étrange déplace- « ment se renouvelle plusieurs fois de suite » (les choses se précisent à mesure que la tradition se fait : M. le maire d'Avénières, dans sa lettre à Dom Renon, dit positivement : trois fois) « et l'on se vit obligé pour ramener la « Vierge dans la chapelle, d'y apporter le tronc « du chêne qu'elle s'était choisi pour piédestal « et *sur lequel elle est encore placée.* » On lit en note que « suivant une autre tradition » une église plus considérable avait bientôt remplacé la chapelle primitive, église dans laquelle « fut renfermé le tronc de chêne dont on vient de parler. » La circonstance des lampes allumées n'est pas une addition faite par M. Maignan ;

elle est aussi mentionnée par Perrette de Monbron et par Bourjolly. Mais il ajoute que Guy II ne savait pas nager, place l'image sur la fourchette d'un chêne et raconte les pérégrinations de la statue. Détails empruntés çà et là à diverses légendes (1).

Aujourd'hui M. Maignan n'est plus aussi affirmatif sur tout cela. Il en vient à dire que la population « se FIGURANT que le tronc de chêne « servait encore de piédestal à la statue » a demandé si le chêne serait conservé (page 11). Nous ne savons combien de personnes ont formé cette demande. On voit déjà que, si elle se basait sur une tradition quelconque, cette tradition manquait de fondement. On s'en est encore mieux convaincu depuis, le rétable et l'autel anciens ont été démolis, et on n'a trouvé aucun fragment de chêne.

Suivons notre argumentation. Trois mentions du chêne ; trois variantes. — Et qu'a-t-on fait à Avénières en 1860 ? Une *émousse !* quatrième variante.

La tradition du chêne manque donc du second caractère, elle n'est pas la même en tout temps et toujours.

Elle manque aussi du troisième. Elle n'est pas admise *par tous*. Dès qu'on a voulu faire du

(1) L'auteur de l'article *Avénières*, publié dans la *Mayenne Pittoresque* de MM. Messager, suit dans son texte exactement la narration de Bourjolly. En note, il raconte l'évènement à peu près comme notre auteur ; il parle du « fourchu du chêne », des pérégrinations de la statue et de l'arbre transporté dans l'église et « incrusté dans l'épaisseur du mur du maître-autel. » Mais il ne le fait que pour mentionner une tradition qu'il ne prend pas comme authentique et dont il fait au contraire judicieusement remarquer qu'elle « s'accorde peu avec la chronique. »

chêne : *creux, fourchette* ou *émousse,* un point de la légende, les réclamations se sont élevées.

Cette tradition, fût-elle encore plus populaire qu'elle ne l'est, demeure incertaine ; elle n'a ni antiquité, ni continuité, ni unanimité. Maintenant est-il probable que la statue dont il s'agit fût placée dans un chêne plutôt qu'ailleurs. Nous croyons au contraire plus probable qu'elle n'était pas dans un chêne. La circonstance des lampes allumées rapportée par Perrette de Montbron, Bourjolly et M. Maignan, nous semble légitimer notre opinion. Nous ne croyons pas qu'il fût d'usage, non plus en ce temps-là qu'aujourd'hui, d'allumer des lampes dans les arbres.

L'apologiste du chêne pense néanmoins qu'aujourd'hui même rien n'est plus commun que de voir les Vierges appendues dans les arbres le long des chemins, « illuminées par « les hommes de peine et de misère, dans le « but d'implorer secours pour leur soulage- « ment ou la guérison de leurs proches » (page 11). Les statuettes de la Sainte Vierge dont parle ici l'écrivain sont très-nombreuses dans nos campagnes ; cependant il ne nous est jamais arrivé de les trouver ainsi entourées de « lampes et de cierges. » Les hommes de peine et de misère, tout comme les hommes de richesse, qui ont aussi leurs peines, vont en pélerinage à Notre-Dame d'Avénières, d'Evron, de Charné, du Chêne, etc.; ils placent dans ces sanctuaires des cierges devant l'autel de Marie. Dans les champs, nous n'en avons pas vu, et il semblerait assez singulier qu'on y en plaçât.

Poursuivons notre observation. Où pouvaient être ces lampes de la vraie légende ? Probablement dans une petite chapelle, ou pratiquée au mur d'une maison, ou isolée comme l'est encore celle d'Hydouze située non loin de là, ou même composée de quatre murs avec une porte grillée à jour, comme on en rencontre encore en divers endroits de la contrée. Dans un tel lieu elles étaient protégées contre le vent et la pluie au moins par la saillie d'un toit et par le mur lui-même. Nous voyons en effet aux jours de fête des lampes ou des bougies allumées aux côtés de Notre-Dame d'Hydouze et des Vierges qui ornent les façades d'un certain nombre de maisons de la ville. Nous voici donc encore ramenés à révoquer en doute l'existence du chêne.

Tout le monde, ce nous semble, conclura avec nous qu'au point de vue historique il eût été sage de s'abstenir.

Un mot seulement au point de vue de l'art. L'effet de la masse *émoussée* est désastreux. Afin d'éviter à ses lecteurs la peine d'aller à Avénières pour en juger, M. Maignan a placé en tête de sa Notice un dessin qui suffira à édifier les plus récalcitrants. Le dessin est exact et bien fait. Il n'est personne qui ne soit choqué de voir cette énormité hors de toute proportion avec ce qui l'entoure, personne qui ne remarque combien elle nuit à l'effet du bel autel et du tabernacle qui le surmonte, et qu'elle écrase.

IV.

Beaucoup de personnes avaient regretté que le nom de Mgr l'Evêque de Laval eût été prononcé dans la réponse de M. le maire d'Avénières publiée par l'*Indépendant de l'Ouest*. Elles craignaient de voir compromis ce nom justement entouré de vénération. Ces personnes ne nous semblent pas avoir bien saisi la portée des expressions de M. le maire. Lui-même traduit sa pensée de manière à ne rien compromettre, surtout un nom qu'il respecte comme nous. Il affirme seulement en effet que « *l'emplacement* fut désigné par Sa Grandeur. » Plus bas, il dit que l'idée du chêne « sembla très-heureuse, » mais sans expliquer de qui cette idée obtint une telle approbation.

Nous ne serions pas revenus là-dessus si l'apologiste n'avait reproduit la lettre de M. Chamaret, en s'en autorisant comme d'un triomphe.

Il arrive à l'autorité la plus réservée, la plus grave dans ses décisions, d'être induite en erreur par une inexacte exposition des faits. Mgr Wicart, étranger par sa naissance au pays qui est heureux de le voir aujourd'hui à sa tête, n'ayant que les renseignements qu'on lui fournissait, aurait pu donner un assentiment aux propositions qui lui étaient soumises. L'eût-il fait, la responsabilité ne retomberait pas sur lui. Un avis bienveillant, un consentement donné ne sont pas des décisions de l'autorité. Conséquemment Monseigneur n'avait à recevoir aucune atteinte des critiques que le plan pouvait susciter, même au cas où il y aurait donné acquiescement.

Voici du reste ce qui est venu à notre connaissance.

L'on prit avis de plusieurs hommes compétents. La question du placement de la statue fut sérieusement discutée. On n'adopta pas de résolution « d'un commun accord » comme le prétend M. Maignan, (page 85). Car on se sépara sans conclure, et plusieurs de ceux dont on avait demandé les conseils ne furent pas médiocrement surpris en voyant apparaître l'émousse dont ils n'avaient pas même entendu parler.

Nous allons voir, M. Maignan va nous le dire, qui avait résolu de placer l'image de la Sainte-Vierge dans un chêne.

V.

Le zèle pour la gloire de M. le maire entraîne notre auteur. Le rôle qu'il attribue en plusieurs endroits à l'autorite civile nous paraît trop prépondérant. M. Chamaret a dû être vivement blessé dans sa modestie par de trop persistants hommages. Nous sommes assuré qu'il n'a pas autorisé l'usage qu'on a fait de son nom et c'est ce qui nous donne le courage d'exprimer toute notre pensée.

Partout on nomme le maire avant le curé et même avant l'Évêque. « M. le maire s'inspirant « des croyances du peuple, *résolut*, de concert « avec Mgr l'Évêque, du curé de la parois- « se, des membres du Conseil municipal, « de donner pour trône à l'Image miraculeuse « le chêne traditionnel (page 70). » Il nous semble que la *résolution* eût appartenu plus légitimement à l'autre autorité. — Mais tenons compte à l'auteur de cet aveu. Il ne s'est pas aperçu que si vraiment c'est le maire qui a cherché des inspirations, qui les a trouvées dans le sentiment populaire, bien ou mal fondé, qui, sur ce sentiment, a basé une résolution, — résolution pour laquelle, suivant lui, il aurait obtenu l'agrément de Sa Grandeur — le maire dès-lors n'avait plus le droit de se mettre à couvert derrière une autorité plus haute et devait accepter tout entière la responsabilité. En faveur de sa sincérité nous ne parlerons pas de la contexture insolite de la phrase.

Ailleurs, on lit : « La fête du couronnement « de l'Image miraculeuse de Notre-Dame d'A- « vénières est l'œuvre de la persévérance de « M. Chamaret, maire de cette paroisse. » (Page 139.) — M. Maignan fera bien de corriger cette expression ; on est curé d'une paroisse et maire d'une commune. — « Grâce à son éner- « gie, à sa constance, le bourg d'Avénières..... « occupe une place distinguée dans le mou- « vement imprimé au *réveil* du peuple. » (*ibid.*) Comprenne qui pourra ce que c'est que *le mouvement imprimé au réveil du peuple.*

Ici l'action de Mgr l'Evêque de Laval nous semble singulièrement voilée. La « fête du couronnement » est due d'abord au couronnement lui-même, faveur obtenue bien positivement de Sa Sainteté le Pape Pie IX par Mgr Wicart. La belle et mémorable fête dont il a été l'occasion est donc due bien légitimement et bien entièrement à Sa Grandeur. La solennité de cette fête a été due encore aux ordres donnés par Mgr l'Évêque et à l'intelligence avec laquelle ils ont été exécutés par M. le vicaire-général Vincent, secondé par la commission qui lui avait été adjointe pour cela. Elle a été due à la présence de nombreux prélats que Mgr avait invités. Elle a été due enfin à l'élan des populations de toute la contrée et en particulier de celle de Laval. M. le maire d'Avénières a droit à une bonne part d'éloges pour tout ce qu'il a fait à Avénières et surtout pour la coopération si zèlée, si persévérante qu'il a donnée à la restauration de l'église ; mais il tire ce droit incontesté de la manière dont il s'est acquitté de sa tâche déjà assez grande, assez difficile, et assez pénible, et non des exagérations de M. Maignan.

Rectifions encore une affirmation tout-à-fait

IMPR.

erronée. « On se rappelle que M. Chamaret, en « qualité de président de la Société de l'Industrie, a présenté, A LA TÊTE DE LA DÉPUTATION « de la Mayenne, à Napoléon III, la demande « qui lui était adressée par cette Société pour « obtenir l'érection d'un évêché en notre ville » (p. 97). La Société de l'Industrie s'est en effet associée à la demande ; mais elle n'a devancé ni le clergé, ni le Conseil général, ni le Conseil municipal de Laval, qui avaient le droit et le devoir de parler avant elle. S'il faut maintenant dire qui était *à la tête de la députation* reçue aux Tuileries le 28 janvier 1855, on pourrait nommer MM. les archiprêtres de la Trinité et de Saint-Vénérand, ce dernier particulièrement, qui fut chargé de porter et porta en effet la parole au nom de tous. A leur défaut, les membres de la députation lavallaise auraient eu à leur tête les deux députés du département qui les accompagnèrent : M. E. A. Segretain, en sa qualité de député et surtout en celle de maire de Laval, et M. Jules Le Clerc, député de l'arrondissement de Laval. Un adjoint au maire de Laval et deux membres du Conseil général étaient présents aussi.

Ceci dit, uniquement à l'adresse de l'auteur, nous prions M. le maire d'Avénières d'excuser nos rectifications qui ne touchent en rien à sa personne et ont plutôt pour but de protéger son nom contre l'usage qu'on en a fait, sans son aveu. M. Chamaret sait que nous admirons son caractère, son zèle, son dévouement ; il ne doutera pas de notre sincérité et ne se méprendra pas sur nos intentions.

VI.

C'est avec bonheur que nous nous trouvons rapprochés de M. Maignan sur un point. Il ne veut pas admettre la substitution de Guy V à Guy II, comme objet de la protection spéciale de la Très-Sainte Vierge et comme fondateur du prieuré. Nous avons peine aussi à abandonner l'opinion de Le Blanc de la Vignolle et de Bourjolly pour adopter celle qu'ont récemment proposée MM. P. M. et E. B. dans la *Mayenne illustrée* de M. de Wismes. Ils n'ont pas encore, ce nous semble, assez amplement développé les motifs qui ont déterminé leur conviction, pour entraîner l'adhésion générale.

Mais nous ne nous associons aucunement aux reproches que l'auteur adresse aux modestes écrivains pour avoir conservé l'anonyme. Depuis quand ne peut-on plus faire part au public de travaux consciencieux sans écrire au frontispice : C'est moi qui suis..... l'auteur de ce chef-d'œuvre ? Quand un auteur, comme ceux de l'article en question, fait preuve de science et de talent, son nom au bas de la page n'ajoute pas beaucoup à la valeur de l'œuvre. — « Nous « n'avons pu voir, froidement, lacérer avec « aussi peu de scrupule une des pages les plus « belles, les plus poétiques de nos chroniques « locales, et insulter aux croyances populai- « res » (page 79). Pour ce qui est du sans scrupule, M. Maignan pourrait passer quelque chose aux autres. Mais la page poétique — il tient essentiellement au poétique — n'est point lacérée dans le travail dont nous parlons. Elle est seulement reportée d'un Guy à un autre, d'une année à une autre. Lors même qu'on pourrait accuser l'historien d'erreur, on ne pourrait l'accuser de lacération. Il est vrai qu'il a omis le chêne et c'est peut-être ce que l'auteur appelle « insulter aux croyances populaires. » Ce crime, si c'en est un, lui est commun avec d'autres écrivains, anciens et modernes. Et il n'y avait pas lieu de fulminer contre lui un arrêt comme celui-ci : « JUSTICE FAITE, nous « abandonnons à sa solitude le champion qui « a isolé sa tente de tous les camps et nous re- « venons à notre description. »

VII.

Maintenant il ne nous reste plus qu'à relever quelques points sur lesquels M. Maignan ne nous paraît pas suffisamment informé.

D'abord, il reproche aux auteurs de la Notice acceptée par M. de Wismes, de s'appuyer sur une charte du Cartulaire de Marmoutier, de n'en pas faire connaître la date, de ne pas donner les noms des témoins et des signataires, enfin il en demande copie (pages 74,75). Il ignore donc que le Cartulaire de Marmoutiers se trouve à la Bibliothèque impériale, et, s'il ne voulait pas aller vérifier si loin, il pouvait lire la charte en question dans l'ouvrage de Dom Piolin : *Histoire de l'Eglise du Mans*. Il y a quatre ans que le volume a paru.

La pensée de donner « en entier » la requête de Perrette de Monthron était bonne, surtout parce que notre auteur la croyait « ignorée du public. » Elle avait paru en 1846 et 1847 dans la Revue qui avait pour titre : *La Province du Maine* ; mais nous l'aurions vue avec plaisir republier, comme on l'annonçait, complète, c'est-à-dire avec addition du commencement, omis par la Revue et que voici :

« *A très-hault et très-puissant Prince et nostre très-* « *redoubté Seigneur, Monsieur le Comte de* « *Laval, de Montfort, etc......*

« L'abbesse et Couvent de Nostre-Dame du « Ronceray d'Angers avec la Prieure de Nostre-

« Dame d'Avénières près Laval, membre dé-
« pendant dudict moustier d'Angers ;

« Comme il soit ainsi que ladicte prieuré d'A-
« vénières, soit de la fondation de Monsieur
« le Comte de Laval, ainsi qu'il appert au
« quaternier (registre) a été faict savoir à l'ab-
« besse devant dicte et à ses religieuses que
« Monseigneur de Laval leur fondateur princi-
« pal a impétré de Nostre Saint-Père le Pape
« aucunes lettres ou rescripts contenant que
« l'abbesse et couvent soient sommés d'en-
« voyer des religieuses audict lieu pour accom-
« plir le service selon les premiers statuts et
« ordonnances, avec le nombre compétant,
« comme le revenu le peut porter ; à laquelle
« chose ladicte abbesse et ses religieuses se
« sont submises et soubmettent de jour en
« jour et d'heure en autre, moyennant que le
« Saint-Père bien informé du cas, fasse et com-
« mande que lesdictes religieuses soient remi-
« ses audict lieu de Nostre-Dame d'Avénières
« en leur premier état tant de l'église que de
« leur revenu selon leur première et ancienne
« fondation.

« Pourquoi il est à sçavoir......., etc. »

Il est vrai que ce commencement ne se trouve pas dans la copie que l'on conserve à Avénières.

L'auteur regrettera de n'avoir pas lu plus attentivement cette même requête, il aurait évité de paraître croire que le seigneur de Laval faisait la visite des paroisses comme l'évêque et l'archidiacre. Il lit le mot *Dam* et met entre parenthèses (Seigneur). Mais il n'y a pas *Dam*. On lit *Déan* qui vient de *Decanus* et veut dire doyen. D'après le troisième concile de Latran (1179), la visite était faite, outre l'évêque et l'archidiacre, par les doyens , et c'est ce que dit la prieure : « A l'évesque , pour la visitation, 10 liv. 18 sols..., à l'archidiacre, 54 sols 8 deniers; et au déan de Laval , 13 sols 4 deniers. »

Les paroissiens, en sollicitant de Pie II la bulle qu'ils obtinrent, lui « donnèrent à entendre, » c'est Perrette de Montbron qui le dit, « que l'église de Notre-Dame d'Avénières estait du tout à eulx, non faisant mention du prieuré. » Si donc ce Pape reconnut aux paroissiens quelque prérogative qui ne leur appartenait pas , cette reconnaissance obtenue par un faux exposé ne pouvait avoir de valeur. L'acte de Pie II ne consacra donc point des droits non-seulement « contestables,» mais contestés ; surtout il ne consacra point le fait étrange que le peuple était « le représentant du seigneur fondateur de l'église. »

Ce dernier fait est affirmé par notre auteur. Il se pose cette question : A qui le curé devait-il « offrir l'encens, l'eau bénite et le pain bénit ? »—Ces honneurs étaient dûs au patron.—« Etait-ce à un membre de la famille du châ-« telain du Bois-Gamast ? Non.» — « A un mem-« bre de la famille du châtelain de l'Epine ? « Non. » — « Au commandeur de Thévalles ? « Non. » — « A la dame prieure ? Le curé « pouvait être tenu à lui offrir le pain bénit ; « mais elle ne recevait ni l'encens, ni l'eau « bénite. » — « Quel était donc en définitive « le représentant réel du fondateur de l'église « de Notre-Dame d'Avénières ? Le PEUPLE. »

D'où suivrait, au sentiment de l'auteur, que le curé devait l'encens et l'eau bénite au peuple. Le peuple était-il personnifié en quelqu'un, ou le curé devait-il l'eau bénite et l'encens individuellement à chacun de ses paroissiens? Dans le second cas, le curé avait fort à faire ; dans le premier, le quelqu'un était le représentant du seigneur. Mais toute cette recherche est en pure perte et on se la serait évitée, si l'on avait su que les droits honorifiques étaient personnels et ne pouvaient s'obtenir par délégation ni représentation. Dans la coutume du Maine, à défaut du patron, ces droits passaient au châtelain. D'après La Vignolle, le patron était le seigneur de Laval ; d'après M. P. M., c'était le descendant de la famille de Saint-Berthevin. Tous deux étaient absents ; en ce cas l'honneur était dû au possesseur du fief ou châtelain. C'était la prieure qui était absente aussi. Alors.... on ne rendait pas les honneurs au peuple ou à tout le monde ; on ne les rendait à personne.

Au sujet des restaurations faites au XVIe siècle, l'auteur dit : « les paroissiens d'Avénières ont sauvé de l'oubli et de la ruine le « sanctuaire de Marie..... C'est par leur *générosité seule* qu'il fut agrandi...... » Ceci ne nous paraît pas exact. Ce qui tira à cette époque Avénières « de l'oubli » ce furent les faveurs surprenantes qu'il plut à Dieu d'accorder à l'intercession de Notre-Dame ; ce qui fournit aux paroissiens le moyen de sauver le sanctuaire « de la ruine », ce furent les abondantes libéralités des pèlerins. Nous nous étonnons que notre auteur le nie (page 39), après avoir reproduit lui-même le témoignage de Le Doyen qui est clair. Le chroniqueur dit :

Pourquoy ils ont grant revenu,
Paroissiens ont prévenu,
Commencer un grant édifice......

Ce qui peut se lire, en français de nos jours : Parce qu'ils ont grand revenu, les paroissiens ont formé le projet de commencer une construction..... Nulle cause connue, autre que les largesses des pèlerins, n'augmenta alors les ressources des paroissiens et ne les mit en mesure de songer aux travaux qui furent réalisés. Ces travaux ne furent donc pas dus à la *générosité seule* des habitants d'Avénières. *Suum cuique.*

Pour éviter à notre auteur la peine de citer désormais le Cartulaire du Ronceray d'après Charles Marest dont l'écrit est perdu, nous sommes heureux de lui apprendre que ce Cartulaire a été imprimé en 1855, par les soins de M. Marchegay, archiviste d'Angers. S'il veut bien l'étudier, il se convaincra qu'il n'est pas si aisé qu'il le croit de trancher au sujet des origines d'Avénières.

Arrêtons-nous. Ce que nous venons de dire sur la dernière brochure de M. Maignan suffit. Il y aurait bien à ajouter, tant sur celle là que sur ses autres œuvres. Nous ne dirons rien de plus. C'est assez pour nous d'avoir, dans l'intérêt de l'histoire, de la vérité et de la piété, fait voir que quiconque professe n'est pas toujours pour cela docteur, et que quelquefois on s'offre pour appui lorsqu'on n'est pas soi-même fort solide.

Nous souhaitons vivement que M. Maignan, dont nous reconnaissons du reste l'activité, les bonnes intentions, les sentiments chrétiens, laisse moins carrière à son imagination trop vive. Qu'au lieu de chercher le poétique, il poursuive avant tout le vrai. Ses œuvres plus sérieuses deviendront plus utiles et nous serons heureux d'applaudir à leur succès.

STÉPHANE COUANIER.

16Ɛ

www.ingramcontent.com/pod-product-compliance
Ingram Content Group UK Ltd.
Pitfield, Milton Keynes, MK11 3LW, UK
UKHW022210190726
13855UKWH00004B/1700